Mamie Poule raconte

Christine Beigel

Hervé Le Goff

Le Chameau qui avait un vrai problemo

GAUTIER • LANGUEREAU

Pour régler vos problèmes, Mamie Poule raconte aussi...

ISBN : 978-2-01-718102-6 – Dépôt légal : mai 2022 – Édition 03 – Achevé d'imprimer en France par Pollina en février 2024 - 48662.
Loi n° 49-956 du 16 juillet 1949 sur les publications destinées à la jeunesse.

« Alors, Mamie, la baleine a tenu ?
– Pas qu'un peu, mes poussins.
– Le chameau a traversé le pont ?
– Oui, mais c'était moins une.
Car le croco, qui a eu peur, a prouté et…
Patatras! ils sont tous redescendus
plus vite que prévu. Sauf le chameau.
Il a continué sa promenade, tranquille.
Les animaux, eux, ont fini par penser que
ça devenait dangereux, tous ces problemos.
Qu'un jour, il y aurait une catastrophe.
Il fallait faire quelque chose, vite, vite.
Et la vache a trouvé la solution.
– Laquelle, Mamie ?
– Un nid d'oiseaux-guides-voyageurs.
Ce sont eux, les yeux du chameau. Allez,
un petit tour et puis au lit, les cuicuis ! »

Quoi ? Elle est grosse ? Oh ! à peine.
Elle glisse ? Bah ! si peu.
Elle est lourde ? Bof. Pas tant que ça.
Vous croyez qu'elle va faire s'écrouler le pont ?! Que le chameau va terminer avec ses deux bosses aplaties ou...
Comment ?! En purée de chameau ?!!!
Bon. On va voir...

Chameau-là-là !

N'ayez pas peur, il ne va pas chuter.
Il y a un pont. Un long pont à plume,
à écaille, à poil et à rien. Ben oui !
La baleine, elle n'a rien sur elle…

Chameau devant, chameau, chameau !
Chameau-chameau-chameau !

Nouveau problemo, et de taille, aïe...
La taupe et les autres ont creusé
au mauvais endroit. Aïe, aïe...
Et le chameau, qui va tout droit, aïe,
monte sur la montagne, monte, aïe, aïe, aïe.
Ça grimpe sec, aussi les animaux se placent
juste derrière lui, car on ne sait jamais,
il pourrait dégringoler jusqu'en bas...

Chameau devant, chameau !
Chameau-chameau-chameau !

Une montagne ? Alors là, gros, gros problemo.
Car on ne peut pas déplacer les montagnes.
Ou si ? Qui a une idée ?

Et soudain, sans dire un mot, la taupe se met
à creuser, creuser, creuser… creuser… creu…
« Zut ! ai plus d'force. Appelez le fennec,
le pivert, le requin-scieur-marteau-piqueur,
quelqu'un, de l'aide, sais pas, moi ! »
Pour quoi faire ? Un tunnel, bien sûr !

Chameau devant !
Chameau-chameau-chameau !

L'ours arrache un arbre sur sa route,
si, si, regardez, hop-là ! trop facile.
Oui, c'est moche, il ne faut pas arracher
les arbres, et encore moins ceux
qui sont habités, comme celui-ci.

Ne vous inquiétez pas, mes poussins,
l'ours va le replanter au même endroit.
Action, gros nounours : hop-là-là !
Vous voyez ?
Rien vu, rien passé, rien de cassé.

Chameau devant, chameau, chameau !

Fffouuuu ! Vite, le grand méchant gnou
souffle la maison du gentil cochon.
« Rhôô mais non ! Bhou-hou-hou !
Je viens juste de la reconstruire !
– Ah mais c'est pas moi. C'est lui ! »
dit le gnou en montrant le non-voyant.
Bon, là, on l'excuse, le gnou, d'accord ?
On a tous vu que la maison du cochon
était sur le chemin du chameau. Non ?

Chameau devant !

Les mamans mettent leurs petits à l'abri,
on ne sait jamais, un accident est vite arrivé.

Chameau devant, chameau !

On comble rapidement les trous d'éléphant,
on ne sait jamais, il pourrait tomber dedans.
La rivière ? On y poste des animaux-rochers
pour qu'il puisse traverser…

Dès qu'il se réveille, les animaux
entonnent le chant de bataille.
« A-a-a, alerte généra-a-ale,
chameau, chameau devant ! »
Parce que quand il y va, il y va,
et tout droit : droit devant !

Quelqu'un reconnaît cet animal ?

Non, ce n'est pas un dromadaire. C'est un chameau.

Il entend bien, il sent bien, mais… Il ne voit rien de rien.

Problème. Et même : gros problemo.

Car le chameau adore promener ses deux bosses.

Et là, gare aux bobos !

« Tu veux jouer au loup avec nous,
Mamipoulou ? Allez, dis oui !
– Oui, bon, d'accord.
– Super ! Ferme les yeux...
Mais fermés, fermés, hein !
Voilà, comme ça. Et hop :
c'est toi le loup, ahououou !
– Minute, mes poussins ! J'y vois rien...
– Ben c'est ça qui est drôle, hi ! hi ! hi !
– Taratata, vous n'imaginez pas tout ce
qui peut nous arriver quand on ne voit pas.
Tenez, par exemple... »